# COURS

POUR

# Infirmières Visiteuses

fait à Besançon

PAR

MADEMOISELLE DE LONGUEUIL

INFIRMIÈRE-MAJOR

PUBLIÉ

PAR

Le Comité d'Assistance
t Militaires Réformés pour Tuberculose
DU DÉPARTEMENT DU DOUBS

# COURS

POUR

# Infirmières Visiteuses

fait à Besançon

PAR

MADEMOISELLE DE LONGUEUIL

INFIRMIÈRE-MAJOR

PUBLIÉ

PAR

Le Comité d'Assistance
aux Militaires Réformés pour Tuberculose
DU DÉPARTEMENT DU DOUBS

# Rôle de l'Infirmière visiteuse
## dans
# la lutte contre la Tuberculose

Il meurt annuellement, en France, environ 150.000 tuberculeux, sur 500.000 à 600.000 personnes ayant cette maladie. C'est en raison de cette effroyable mortalité et aussi surtout pour empêcher la propagation du fléau et protéger la race, qu'a été organisée la lutte antituberculeuse.

C'est spécialement aux militaires réformés n° 2 pour cause de tuberculose et rentrés dans leurs familles, que nous aurons à faire tant que durera la guerre. Plus tard, l'œuvre s'étendra aux civils également, mais pour le moment, nous ne pouvons nous occuper que des soldats ayant eu cette maladie depuis le début des hostilités et se trouvant dans les conditions indiquées plus haut.

Le rôle de l'infirmière visiteuse, bien compris, est d'une énorme importance. Les services qu'elle peut rendre sont incalculables, si elle réussit à atteindre le but qu'elle se propose, c'est-à-dire, obtenir du malade et de son entourage, que les règles de la prophylaxie, qu'elle doit leur enseigner, soient observées d'une façon rigoureuse.

Gagner la confiance du malade est la première condition du succès. Sans avoir l'air de s'imposer, la visiteuse, véritable missionnaire de l'hygiène, fera peu à peu comprendre l'importance des règles qu'elle enseigne, à des personnes se trouvant fréquemment dans un milieu où le mot prophylaxie est aussi peu compris que la chose. Elle doit et peut devenir l'*amie*, la *conseillère*, souvent la *consolatrice*. Elle cherche à faire de l'ordre, de la propreté, de l'aération. Elle enseigne de bonnes habitudes au malade et à son entourage, tout en y mettant du tact et de la discrétion.

L'infirmière visiteuse a le devoir d'observer une attitude de stricte neutralité en ce qui concerne les questions religieuses ou politiques. Elle doit s'interdire toute propagande.

Elle sera appelée souvent à donner des soins au malade. Il lui incombe de mettre en œuvre tous les petits moyens qui le soulagent, mais elle doit toujours se conformer rigoureusement aux directions du médecin et ne jamais usurper son rôle. Le diagnostic, les prescriptions, ne sont nullement de son ressort. Elle doit exécuter très exactement les ordres du médecin et n'empiéter jamais sur son domaine.

# Contagion de la Tuberculose

La crainte de la tuberculose se présente souvent comme une véritable *tuberculophobie,* qui est irréfléchie, déraisonnable et qu'on ne peut attribuer qu'à l'ignorance. Cette crainte a des conséquences fâcheuses :

1° Pour le malade, qui devient un objet d'éloignement pour ses compagnons, quelquefois même pour sa famille ;

2° Pour la société en général. Le malade, forcé de dissimuler son état, ne peut pas prendre les précautions nécessaires, de peur d'être dépisté ;

3° Pour la lutte contre la tuberculose, en ce que cette crainte exagérée paralyse souvent les bonnes volontés.

Pour lutter contre cette frayeur de la contagion, indigne d'une race dont les qualités maîtresses sont le courage, la générosité de sentiments, la clarté d'esprit, il n'est même pas besoin de faire appel à ce courage. La tuberculophobie est entretenue uniquement par l'ignorance. Ceux qui savent, ceux qui ont étudié le plus profondément la question et ont observé la tuberculose de plus près, sont intimement persuadés que les règles de la prophylaxie bien observées écartent tout danger de contagion.

**DANGERS IMAGINAIRES**. — Il n'est pas exact que le bacille de la tuberculose ait une *très grande résistance* vis-à-vis des causes de destruction qu'il rencontre dans le monde extérieur.

Il n'est pas exact que le microbe de la tuberculose pénètre facilement dans l'organisme.

Il n'est pas exact qu'au voisinage d'un tuberculeux contagionnant, on contracte facilement la maladie.

Beaucoup d'autres maladies peuvent se communiquer

par un contact éphémère (diphtérie, rougeole, scarlatine, variole, etc.). Au contraire, pour la tuberculose, surtout s'il s'agit d'un adulte, la transmission de la maladie exige des *contacts répétés ou prolongés*, ou un séjour d'assez longue durée dans un local infecté.

**DANGERS RÉELS.** — Inversement, les dangers réels de la contagion bacillaire doivent être parfaitement connus.

Les contagions bacillaires intenses sont dues à l'une des trois causes suivantes :

1° Ingestion répétée d'aliments contagionnés (lait cru de vaches tuberculeuses, etc.) ;

2° Séjour prolongé dans un local infecté de tuberculose;

3° Cohabitation prolongée avec un tuberculeux ne prenant pas les précautions nécessaires.

Les contagions bacillaires ont des effets d'autant plus désastreux qu'ils se produisent sur un sujet plus jeune.

**LES CINQ RÈGLES DE LA PROPHYLAXIE :**

*1ʳᵉ Règle.* — Rendre inoffensifs les crachats des tuberculeux. Pour cela, il est nécessaire d'obliger les malades à ne jamais cracher ailleurs que dans un crachoir quotidiennement vidé et désinfecté (contenant et contenu) ;

*2ᵉ Règle.* — Assurer au tuberculeux un lit pour lui seul et, si possible, une chambre à coucher qui lui soit réservée ;

*3ᵉ Règle.* — S'opposer à la mise en suspension dans l'air de poussières sèches bacillaires. Pour cela, interdire le balayage et l'époussetage à sec ;

*4ᵉ Règle.* — Éviter la dissémination bacillaire par le linge. Mettre les mouchoirs et tout autre linge souillé de crachats dans une solution désinfectante et le reste du linge, dans un sac spécial. Ne jamais secouer les draps, ni les couvertures, en faisant le lit ;

*5ᵉ Règle.* — Habituer le malade à ne pas tousser dans le voisinage d'autres personnes.

# Education du Malade

Tout d'abord, c'est en apprenant au malade à se conformer aux mesures prescrites en vue de sa guérison et en les lui expliquant, d'une façon simple et précise, que l'infirmière visiteuse supprimera la défiance, quasi instinctive, du patient.

Elle lui enseignera à ne pas tousser *pour rien* et à maîtriser sa toux, dont les quintes violentes *blessent le poumon* ; elle lui fait ménager ainsi ses forces. Elle lui montrera à ne jamais tousser, ni éternuer, à la figure d'autrui, mais à placer toujours, au préalable, devant sa bouche, le *mouchoir protecteur*.

Elle lui démontrera qu'il vaut mieux cracher bien au milieu du crachoir, sans en polluer les bords (ce qui protège les doigts du malade).

Elle lui prouve, en même temps, qu'après avoir craché, il est préférable et plus prudent, pour lui-même et pour les siens, de s'essuyer les lèvres au moyen du mouchoir (ou de la compresse), plutôt qu'avec le revers de la main (geste qui risque de produire des *mauvaises plaies de la peau* très difficiles à guérir).

Elle lui fait comprendre que le port des moustaches trop longues, ou tombantes, est une gêne pour quiconque tousse et crache, et qu'il est bien préférable d'avoir les moustaches plutôt courtes, parce qu'elles sont faciles à tenir propres.

L'infirmière visiteuse fait voir au malade, et aussi à sa famille, combien il y a intérêt pour tout le monde, à *laisser au malade son couvert, son gobelet, sa vaisselle, sa serviette* (enveloppée dans une pochette lavable) et, d'une façon générale, *tous ses objets de toilette*.

Elle obtient du malade et de sa famille la bonne habitude du *lavage des mains après chaque repas* et amène, peu à peu, le patient, à la *pratique quotidienne de la toilette de la bouche,* avant comme après chaque repas, ainsi qu'avant l'heure du sommeil.

Toutes ces pratiques, qui deviennent vite communes au malade et à son entourage, s'obtiennent souvent sans grande difficulté. Il en va de même pour la toilette de la maison et pour l'*usage quotidien de la serpillière humide ou du torchon mouillé,* au lieu et place du balai et du plumeau. La femme apprend sans peine à balayer le logement sans soulever de poussières et elle s'en trouve bien.

La propreté corporelle — l'une des conditions fondamentales de la cure du tuberculeux — constitue, trop souvent, une pratique moins facile à imposer dans la famille du malade, malgré le sain exemple qu'elle apporte et le soulagement manifeste qu'elle cause au fébricitant.

Il est d'autres mesures d'hygiène prophylactique, dont l'adoption par le malade et par ses parents demande, de la part de l'infirmière visiteuse, une plus grande diplomatie et un réel ascendant moral assez difficile à acquérir. Faire comprendre, par exemple, au tuberculeux, que ses crachats sont nocifs à l'extrême, n'est pas toujours chose aisée ; lui faire accepter que sa bouche *bacillifère* constitue un danger permanent pour son entourage, représente auprès de certains sujets une opération ardue et qui exige une véritable conquête. Il y faut mettre du temps.

En effet, on ne doit pas risquer d'amener le *porteur de bacilles,* pauvre être trop souvent déprimé, asthénique, à se considérer comme un pestiféré ; il faut encore moins l'exposer à être regardé comme tel par ses proches, par sa femme, par ses enfants ; il pourrait devenir pour eux un objet de répulsion.

On commencera par expliquer au malade les choses simplement. Par exemple : l'habitude de porter un doigt à ses lèvres pour l'humecter de salive, afin de mieux tourner les pages d'un livre, est une pratique dangereuse pour tout le monde, petits et grands, à cause des mauvaises poussières (chargées de toutes sortes de microbes nocifs) que, ce faisant, on introduit dans la cavité buccale. Les mêmes dangers entourent les gestes, si habituels, si naturels, comme de mouiller le crayon avant d'écrire, ou de passer la langue sur la partie gommée d'une enveloppe de lettre que l'on va fermer, etc... Il est beaucoup plus nocif encore, de donner à un petit enfant à boire à la cuiller, en prenant soin de goûter d'abord chaque cuillerée, afin de savoir la température du mets préparé pour le bébé, etc...

On arrive, de cette façon, plus ou moins vite, à obtenir que le malade se défie de sa salive et des parcelles de crachats qu'elle contient. Il devient moins difficile alors d'habituer le tuberculeux à éviter d'embrasser les enfants sur les lèvres, sur la face, sur les cheveux et bientôt même, à ne plus les embrasser du tout. Plus tard, il demandera, lui-même, à les tenir éloignés de son lit, voire de sa chambre, dont l'atmosphère risque, malgré tous les soins les plus rigoureux, d'être contaminante pour les *petits*, ces êtres si accessibles, comme on sait, à la tuberculose.

L'infirmière visiteuse doit conseiller au malade d'*éviter, à tout prix, de boire quotidiennement, même en petite quantité, de l'alcool*, cette habitude nuisant à sa guérison.

Elle s'efforcera aussi de lui faire *perdre l'habitude du tabac*. Le tabac sollicite la toux et la toux blesse le poumon.

Il faut apprendre au malade à prendre, soir et matin, sa température rectale et à la marquer soigneusement sur une feuille.

# Anatomie et Physiologie des Voies Respiratoires

La respiration est la fonction par laquelle l'homme prend, à l'air, de l'oxygène et rejette de l'acide carbonique.

Cet échange de gaz, entre l'air extérieur et le sang, a lieu au niveau des poumons.

Les voies respiratoires comprennent :
- Les fosses nasales ;
- La bouche ;
- Le larynx ;
- La trachée-artère ;
- Les bronches.

L'organe de la respiration est constitué par les poumons, droit et gauche, situés dans la cavité thoracique.

Les fosses nasales sont pourvues d'une muqueuse riche en vaisseaux sanguins, qui échauffe l'air qui se rend aux poumons. Les poils, à l'entrée des narines, arrêtent au passage les poussières de l'atmosphère, d'où l'importance d'habituer les enfants à respirer par le nez.

Le **larynx** est composé de plusieurs cartilages, qui ont à peu près la forme d'un entonnoir. L'orifice du larynx, qui s'ouvre dans la trachée-artère, est la glotte. Cette ouverture est recouverte, pendant la déglutition, par l'épiglotte, sorte de feuille cartilagineuse, qui s'abaisse sur la glotte et empêche ainsi les substances alimentaires de pénétrer dans les voies respiratoires.

La **trachée-artère** fait suite au larynx. Elle est formée

d'anneaux cartilagineux, incomplets en arrière. Elle se bifurque en deux bronches, les bronches primaires, droite et gauche, qui pénètrent dans les poumons et s'y divisent en ramifications de plus en plus petites.

Les poumons sont au nombre de deux. Le droit, qui est plus volumineux, se divise, par des scissures, en trois lobes. Le gauche ne présente que deux lobes.

Pour se rendre compte de la structure du poumon, il suffit de suivre, à l'intérieur de cet organe, les bronches primaires. Celles-ci se divisent en canaux plus petits, appelés bronches secondaires qui, à leur tour, se divisent en bronches tertiaires, quaternaires, etc... Les dernières ramifications des bronches s'appellent bronchioles.

Les bronchioles se terminent dans des groupes de sacs microscopiques, appelés alvéoles pulmonaires. C'est au niveau des alvéoles que se fait l'échange gazeux, dont il a été parlé plus haut.

La trachée, les bronches et les bronchioles, sont tapissées intérieurement par une membrane muqueuse portant un revêtement de cils vibratiles. Quand les sécrétions des bronches s'accumulent en quantités trop considérables, le mouvement des cils vibratiles, qui se propage toujours de bas en haut, suffit pour les pousser vers le larynx, d'où elles sont expulsées en forme de crachats.

## LA RESPIRATION

L'air est un mélange qui comprend 79 volumes d'azote et 21 volumes d'oxygène, pour 100 volumes. Il contient, en outre, une légère trace d'acide carbonique, environ 4 pour 10.000.

L'air expiré ne contient plus que 15 volumes d'oxygène pour 100. En revanche, il contient 4 pour 100 d'acide carbonique, rejeté par l'organisme.

L'oxygène est l'unique gaz respirable. Comme il diminue avec chaque respiration et que l'acide carbonique, gaz irrespirable, s'augmente, on comprend combien il est nécessaire d'aérer souvent une pièce où se trouvent plusieurs personnes (3 fois en une heure au moins). Pour qu'une pièce soit suffisamment aérée, il faudrait que chaque habitant disposât de 15 mètres cubes d'air. En 24 heures, l'homme rejette environ 500 litres d'acide carbonique.

## PHYSIOLOGIE DE LA RESPIRATION

Il faut distinguer les phénomènes mécaniques et les phénomènes chimiques.

**PHÉNOMÈNES MÉCANIQUES.** — Dans l'inspiration, les organes actifs sont certains muscles, comprenant le **diaphragme**, dont la contraction a pour résultat d'augmenter la hauteur de la cage thoracique, ce muscle, qui est convexe au repos, s'abaissant pour la contraction. D'autres muscles, les intercostaux externes, les surcostaux, et les scalènes, en se contractant, portent les côtes en haut et en dehors et projettent le sternum en avant, ce qui a pour effet d'augmenter la capacité thoracique. L'air extérieur tend alors à se précipiter dans le poumon.

Dans l'expiration, les muscles inspirateurs, le diaphragme en particulier, reviennent à l'état de repos et la cage thoracique reprend son volume primitif.

**PHÉNOMÈNES CHIMIQUES.** — Sur les parois des alvéoles pulmonaires, se trouve un riche réseau de capillaires sanguins, charriant du sang chargé d'acide carbonique. L'oxygène apporté par l'air inspiré traverse les minces parois des alvéoles et des vaisseaux capillaires et se combine avec les globules rouges du sang, qui vont le porter dans l'organisme tout entier. L'acide carbonique,

que contenait le sang des capillaires, suit un chemin inverse et, traversant les parois des capillaires et des alvéoles, est rejeté au dehors avec l'air respiré.

**INNERVATION.** — Le centre nerveux de la respiration se trouve dans le bulbe. Une lésion quelconque produite en ce point amène un arrêt immédiat des mouvements respiratoires et, par conséquent, une asphyxie brusque. On donne, à ce point, le nom significatif de nœud vital, à cause de son importance exceptionnelle.

# Invasion de la Tuberculose

La tuberculose, comme chacun sait, est une maladie causée par la multiplication, dans l'organisme, du bacille de Koch.

Ce bacille peut s'introduire de différentes façons dans l'organisme :

1° Par les voies respiratoires ;
2° Par les voies digestives ;
3° Par la peau (blessures par crachoirs brisés, etc.).

Il y a plusieurs formes de la tuberculose : laryngite tuberculeuse, méningite tuberculeuse, adénites (ganglions), mal. de Pott, tumeurs blanches (articulations). Mais le mot tuberculose, employé seul, veut généralement dire la tuberculose pulmonaire.

Pour la tuberculose pulmonaire, la cause déterminante est généralement le crachat bacillifère pulvérisé, pénétrant jusqu'aux poumons par les voies respiratoires.

Le bacille de Koch s'introduit de préférence au sommet du poumon, où sa présence provoque l'apparition de petites masses grisâtres, dures, les tubercules. Plus tard, ces tubercules deviennent jaunâtres, se ramollissent, se transforment en pus. Les tissus sont détruits peu à peu, les parois des alvéoles pulmonaires sont rongées et le contenu des cavités produites par l'action nocive des bacilles se vide dans les bronches et est expulsé par la bouche avec les crachats.

*1re Période.* — Toux fréquente. — Peu d'expectoration.

— Fièvre légère. — Point de côté (douleur au sommet du poumon).

*2ᵉ Période.* — La toux s'accroît. — Expulsion de crachats épais et opaques. — Oppression. — Insomnies. — Anorexie (perte d'appétit). — Un peu d'amaigrissement.

*3ᵉ Période.* — Augmentation des crachats, qui contiennent du pus. — Fièvre marquée vers 6 heures du soir. — Sueurs nocturnes profuses. — Amaigrissement rapide. — Perte de forces. — Quelquefois vomissements de sang rouge, plein d'écume. — Diarrhée. — Œdème des pieds.

L'évolution de la tuberculose peut durer de 1 à 20 ans.

Les bacilles de Koch sont assez résistants, à cause des substances adipo-cireuses dont ils sont formés. Ils exercent une action nécrosante énergique dans les tissus avoisinants, qui tue les cellules et ronge les tissus.

Ils excrètent des toxines solubles qui, se diffusant au loin, sont entraînées dans l'organisme par le sang et la lymphe et produisent des phénomènes graves d'intoxication (fièvre, amaigrissement, perte de forces, dégoût des aliments, etc.).

Le bacille de Koch se présente sous la forme d'un petit bâtonnet grêle. Un tuberculeux peut en expulser dans ses crachats 15 à 20 milliards en 24 heures.

Quand les lésions sont ouvertes, c'est-à-dire quand elles communiquent avec le dehors par les bronches, la trachée et le larynx, les bacilles se répandent partout au moyen des crachats et la contagion est fréquente.

Les lésions fermées, c'est-à-dire celles qui ne communiquent pas avec le dehors, ne sont pas contagieuses.

La dissémination bacillaire peut toutefois se faire par tous les produits rejetés par le malade : pus d'abcès froids, urines contenant des bacilles, matières fécales, mais surtout par les crachats tuberculeux.

Les causes prédisposantes de la tuberculose sont :

L'alcoolisme ;

La jeunesse ;

L'avarie ;

La mauvaise nutrition,

et toutes les causes qui dépriment l'organisme et diminuent ses moyens de défense.

Fort heureusement, le danger de la contagion est constamment neutralisé par des actions préservatrices à l'intérieur du corps. Les cellules préposées à la défense de l'organisme, les phagocytes, sont capables de digérer et détruire les bacilles qu'elles ont dévorés. Lorsque le sujet est bien nourri et se trouve dans de bonnes conditions d'hygiène, les phagocytes qu'il porte en lui sont nombreux et doués d'une grande activité. Dans ces conditions, on peut se défendre efficacement contre l'invasion de l'ennemi.

D'autre part, au niveau des lésions tuberculeuses, se forme habituellement du tissu, dit fibreux, qui arrive souvent à faire, autour des tubercules, une véritable barrière. Ainsi, les lésions, tout en renfermant encore quantité de bacilles, peuvent, pour ainsi dire, être séparées du reste de l'organisme. Le bacille est emprisonné pour la vie et ses toxines ne passent pas au travers du tissu fibreux, qui est dépourvu de vaisseaux sanguins.

# Observation du Malade et de son Entourage

La tâche de l'infirmière visiteuse consiste à fournir au médecin des renseignements exacts sur l'état du malade. Elle doit observer :

1° La courbe de la température, le pouls ;

2° La courbe du poids (amaigrissement progressif, état stationnaire du poids, etc.) ;

3° La toux (sèche, grasse, fréquente, accompagnée ou non de douleurs thoraciques, etc.) ;

4° L'appétit, le sommeil ;

5° Surtout les crachats et pouvoir fournir des renseignements exacts sur :

*a)* La quantité totale d'expectoration dans la période de 24 heures. (S'assurer que le malade n'avale pas ses crachats).

*b)* L'aspect plus ou moins épais, plus ou moins purulent, des crachats. (Savoir s'ils sont striés de sang).

Elle doit spécialement examiner les crachats du matin, les bronches se vidant à ce moment des accumulations de la nuit.

La récolte des crachats pour l'analyse se fait, à ce moment, dans un crachoir réservé à cet usage et stérilisé à l'avance à l'eau bouillante. C'est l'infirmière visiteuse qui porte ces crachats au bureau d'hygiène, qui les fait analyser au *laboratoire*. Elle aura, préalablement, collé sur le crachoir, une étiquette portant le nom du malade, son adresse et la date de la récolte des crachats.

Le crachoir, après analyse du contenu, doit être repris par l'infirmière et rapporté chez le malade.

L'infirmière visiteuse doit se rendre un compte exact des conditions du logement. Elle doit connaître le nombre des pièces, le nombre d'habitants de chaque pièce, les meubles qu'elles contiennent, leur état de propreté (ou le contraire), les possibilités d'aération et d'amélioration qu'elle pourrait y apporter.

Elle doit aussi :

Suivre ceux qui entourent le malade, surveiller leur état de santé et, au besoin, les amener à la consultation, comme elle fait de temps en temps pour le malade ;

Sauvegarder surtout les enfants et se faire aider en cela par la mère, autant que possible ;

S'occuper spécialement des variations de poids des enfants et de la mesure de leur taille, peser les enfants tous les 15 jours et à jeun ; ils doivent augmenter de poids. Si le poids est stationnaire, c'est un mauvais signe. Un autre signe précoce de la tuberculose, chez les enfants, est le manque d'appétit. Ces enfants, qui meurent de faim, présentent des figures cachectiques, une apparence chétive ; ils peuvent prendre n'importe quelle maladie, dans l'état affaibli où ils se trouvent ; il faut les pousser à manger, faire comprendre aux mères comment elles peuvent le plus avantageusement alimenter leurs familles selon leurs ressources ;

Noter la courbe du poids, de la taille, l'appétit ;

S'assurer si les enfants respirent bien par le nez. (Les adénoïdes sont particulièrement graves dans les familles des tuberculeux). Si elle remarque qu'un enfant tient toujours la bouche ouverte, elle doit le faire examiner tout de suite. Elle doit elle-même le mener à la consultation, si la mère ne peut ou ne veut l'accompagner.

On doit avoir une fiche pour chaque enfant.

Les colonies de vacances sont excessivement utiles. Les enfants non infectés, mais menacés de le devenir, devraient y faire deux séjours par an, si possible.

L'infirmière visiteuse doit venir montrer l'enfant à la consultation de temps en temps. Elle peut y amener 5 ou 6 enfants à la fois.

Il est bien entendu, quand il s'agit des malades ayant besoin d'une consultation, que s'ils sont fiévreux (39°, 40°), on ne les fait pas sortir de chez eux, mais qu'on prévient le médecin traitant.

## COMMENT ÉTABLIR UNE FICHE ET FAIRE UN RAPPORT

L'infirmière doit savoir mettre en termes précis et d'une façon aussi concise que possible, les résultats de ses observations sur le malade, son état de santé, sa situation, son entourage, son logement.

Elle évitera la prolixité et s'efforcera d'expliquer les choses clairement, en peu de mots.

Voici une fiche modèle (1), que l'infirmière doit remettre à la dame déléguée, après sa première visite au malade.

L'infirmière peut aussi faire un rapport au médecin. Elle notera :

La toux, sa fréquence, sa forme ;

Les crachats, s'ils sont épais, denses, sanguinolents, leur quantité ;

S'il y a de la diarrhée (réserver une ligne spéciale à ce symptôme) ;

S'il y a d'autres symptômes : fièvre, sueurs nocturnes, digestions, appétit, alcoolisme ;

S'il y a hémoptysie (toujours en informer le médecin traitant).

---

(1) Voir avant la table des matières.

# Désinfection

La désinfection porte sur :
- 1° Les crachats ;
- 2° Les crachoirs (chambre et poche) ;
- 3° Le linge (mouchoirs en particulier) ;
- 4° Les vêtements ;
- 5° Le logement, pendant son occupation par le malade ;
- 6° Le logement, après le départ du malade.

1° Désinfection des crachats. — Elle doit être un des premiers devoirs de l'infirmière visiteuse. *Rendre inoffensifs les crachats des tuberculeux, c'est rendre la propagation de la tuberculose à peu près impossible.*

Pour cela, il est nécessaire d'obliger les malades à ne jamais cracher ailleurs que dans un crachoir, de chambre ou de poche.

Doit-on mettre dans le crachoir de chambre un liquide désinfectant ? Cette précaution s'impose toutes les fois que les crachats ont une tendance à se dessécher ou à se putréfier, ou s'ils exhalent une mauvaise odeur, ou s'ils sont trop visqueux et collent aux parois.

La stérilisation à l'eau bouillante est la méthode la plus sûre.

Si on ne peut disposer d'une installation spéciale permettant la coction des crachats, on doit leur faire subir, pendant 24 heures, l'action d'un liquide désinfectant. Le meilleur pour cela est la solution savonneuse alcaline de formol. Après 24 heures, on peut vider les crachats dans la fosse d'aisances. Pour cette opération, il faut que le malade possède un double jeu de crachoirs de poche et de chambre.

2° DÉSINFECTION DES CRACHOIRS :

*a)* Pour les crachoirs, comme pour les crachats, la stérilisation par l'ébullition est de beaucoup la meilleure.

Il existe des stérilisateurs à double fond, avec un dispositif permettant d'y introduire le crachoir de chambre et le crachoir de poche. Dans chaque crachoir, on met une ou deux cuillerées à café de carbonate de soude et l'on ajoute de l'eau jusqu'à immersion complète des crachoirs et de leur contenu.

Le carbonate de soude a pour effet de liquéfier les crachats qui pourraient, autrement, se coaguler sous l'action de l'eau bouillante.

On met le stérilisateur sur le fourneau et on laisse bouillir les crachoirs, contenant et contenu, pendant une demi-heure, en évitant les gros bouillonnements, qui pourraient projeter le liquide en dehors.

*b)* Si l'ébullition (qui est l'idéal) ne peut être réalisée, on peut plonger le crachoir tout entier dans un liquide antiseptique. Le meilleur est certainement la solution savonneuse alcaline de formol. Laisser agir l'antiseptique 24 heures, déverser le contenu dans les cabinets et rincer ensuite le crachoir à l'eau courante.

*c)* Ou encore, remplir le crachoir de liquide antiseptique et laisser agir le liquide 24 heures. Vider le contenu dans les cabinets, essuyer soigneusement les bords avec un petit chiffon imbibé du liquide antiseptique, jeter ensuite le chiffon au feu et rincer le crachoir à l'eau courante.

Se servir d'un goupillon pour bien agiter le liquide et bien nettoyer le fond du crachoir. Mettre le goupillon toujours à part dans un récipient contenant l'antiseptique, après usage.

3° Désinfection du linge. — La règle est de toujours cracher dans un crachoir, mais il arrive, dans certaines circonstances, que le malade ne peut pas se servir d'un crachoir. Il faut bien alors cracher dans un mouchoir. C'est pourquoi des précautions spéciales doivent être prises à l'égard des mouchoirs contaminés.

a) Le mouchoir souillé sera changé aussi fréquemment que l'exige l'abondance des crachats ;

b) Il ne sera jamais conservé plus d'une journée et sera changé plusieurs fois par jour, s'il le faut ;

c) En aucun cas, on ne le laissera traîner ; les malades auront une de leurs poches réservée exclusivement au mouchoir et cette poche devra être facilement désinfectable ;

d) Le mouchoir ayant servi sera plongé dans un récipient contenant une solution savonneuse alcaline de formol et y restera jusqu'au moment de la lessive. Le passer à l'eau avant de l'envoyer au blanchissage.

**Linge de corps.** — Tout le linge qui a servi à un tuberculeux doit être mis à part, dans un sac se fermant par une corde et, autant que posssible, conservé dans un réduit à part.

Au moment du triage, mise en tas, compte, asperger chaque pièce en la sortant du sac, afin d'éviter la mise en suspension dans l'air des poussières bacillifères. Humecter le linge suffit ; inutile de faire une inondation.

4° Désinfection des vêtements. — Les vêtements doivent être brossés tous les jours avec une brosse humectée d'une solution diluée au formol (1 %). Ne jamais le faire ailleurs qu'au dehors, ou dans la chambre même du tuberculeux, s'il en possède une à part.

Le formol ne détériore point les étoffes.

5° Désinfection du logement pendant son occupation par le malade :

a) Désinfection journalière.

Balayage. — Le balai ordinaire sera supprimé et remplacé par la serpillière humide, enroulée autour d'une barre de bois fixée perpendiculairement sur un manche à balai. De même, le plumeau et le torchon sec seront remplacés par l'éponge mouillée ou le linge humide.

La paille de fer ne sera pas employée autrement que mouillée. En faisant le nettoyage des planchers, avoir, à proximité, un seau d'eau, au besoin additionnée d'un antiseptique (eau de javel). Après le nettoyage, la serpillière sera lavée à grande eau et passée à l'eau de javel diluée, si l'on ne s'est pas servi de ce désinfectant dans le seau.

La descente de lit sera brossée avec une brosse humectée de solution de formol (1 %).

Nettoyage quotidien de la table de nuit, dont la tablette supérieure est facilement souillée par le crachoir.

b) Désinfection hebdomadaire.

Passer un linge mouillé (trempé dans un désinfectant) sur toutes les parties du lit, qui doit être en fer.

Pour la literie, on l'exposera de temps en temps au grand air, au soleil, près d'une fenêtre ouverte.

Passer une serpillière humectée sur les murs, de haut en bas.

c) Désinfection trimestrielle des murs blanchis à la chaux. Les passer au lait de chaux, ainsi que le plafond, si possible.

6° Désinfection du logement après le départ du malade. — (Grande désinfection, obligatoire après décès).

La désinfection des locaux comporte nécessairement un nettoyage et une préparation préalables.

*a*) Le nettoyage consiste en un bon lavage, suivi d'un brossage avec une solution antiseptique ;

*b*) Rendre accessible au gaz désinfectant dont on va se servir (lequel n'agit qu'en surface ou à peu près), tous les endroits contaminés : ouvrir les armoires, les tiroirs, enlever les descentes de lit, suspendre sur une corde les couvertures, mettre les matelas et les oreillers debout en les calant avec des chaises ;

*c*) Obturer tous les orifices par où le gaz pourrait s'échapper ;

*d*) Elever la température de la chambre à 18° ou 20° ;

*e*) Arroser le plancher.

On fait ensuite évaporer dans la pièce une quantité de gaz, soit formaldéhyde, soit sulfureux, en rapport avec le cubage. On clôt soigneusement le local et on laisse le gaz agir pendant 24 heures (10 heures au minimum). Bien aérer après ouverture.

Désinfection au formaldéhyde :

| | | | |
|---|---|---|---|
| Pour une pièce de 20 mc.... | 500 cmc. de formol à 40 % | | |
| — — 30 mc.... | 600 | — | — |
| — — 40 mc.... | 800 | — | — |
| — — 50 mc.... | 900 | — | — |
| — — 60 mc.... | 1000 | — | — |

Désinfection à l'acide sulfureux : 40 grammes de soufre par mètre cube.

## DÉSINFECTANTS

Les désinfectants se distinguent en :

Désinfectants naturels : Rayons solaires. Air pur.

Désinfectants physiques : Chaleur sèche et humide. Incinération.

Désinfectants chimiques : Solutions. Gaz.

# PRÉPARATION ET APPLICATION DES DÉSINFECTANTS CHIMIQUES

## 1° SOLUTION SAVONNEUSE ALCALINE DE FORMOL.

*Formule :*

Savon noir .......... 10 gr. (2 cuillers à café).
Cristaux de soude ... 10 gr. (1 cuiller à soupe).
Formol ............. 40 cmc. (3 cuillers à soupe).
Eau ordinaire ....... Q. S. pour 1 litre.

*Préparation :* Faire dissoudre à chaud le savon noir dans une petite quantité d'eau (100 à 200 cmc.), étendre cette solution savonneuse avec de l'eau froide, la verser dans un récipient (1 litre) jusqu'à un trait marqué à l'avance pour indiquer 945 cmc. de liquide.

Dans cette solution froide, verser les cristaux dissous, puis ajouter le formol. Bien agiter et boucher.

*Emploi :* Désinfection des crachats, des crachoirs, des mouchoirs. Lavage antiseptique des lits de fer, des tables de nuit.

*N. B.* — Conserver la solution et le formol pur au frais.

## 2° EAU DE JAVEL CONCENTRÉE.

*Formule :* 1 cuiller à soupe dans 1 litre d'eau.

*Emploi :* Nettoyage des planchers. Rincer à l'eau après.

## 3° CRÉSYLOL SODIQUE.

*Formule :*

Crésylol officinal ..................... 20 cmc.
Lessive de soude ..................... 20 cmc.
Eau .................................. 1 litre.

*Préparation :* Verser, dans le fond du récipient, le crésylol et la soude ; bien agiter. Ajouter ensuite l'eau et agiter de nouveau. Laisser déposer 24 heures, puis décanter.

*Emploi* : Lavage des planchers, des boiseries. Désinfection des selles.

### 4° SUBLIMÉ CORROSIF (ou Bichlorure de mercure).

*Formule* :

Sublimé corrosif ........................ 1 gr.
Eau distillée ........................... 1 litre.

*Emploi* : N'agit que faiblement sur les crachats, qu'il a la propriété de coaguler, ce qui forme une sorte d'enveloppe protectrice aux bacilles. Peut garnir le récipient où le malade met le thermomètre.

*N. B.* — Cette solution, très toxique, doit toujours être colorée en bleu.

### 5° SULFATE DE CUIVRE.

*Formule* :

Sulfate de cuivre .......... 5 gr.
Eau .................... 100 gr. (sol. à 5 %).

*Emploi :* Fosses d'aisances : 5 litres par mètre cube.

### 6° LAIT DE CHAUX à 20 % : 5 litres par mètre cube. Même emploi.

### 7° DÉSINFECTANTS GAZEUX (Locaux).

*a)* Par l'aldéhyde formique.

*Formule* :

Formol ................ 20 gr. par mètre cube.
Permanganate de potasse... 8 gr.        —
Eau .................... 20 gr.

*Usage* : Dans un récipient en fer, on met le permanganate de potasse, on ajoute l'eau et on verse ensuite le formol dans le permanganate. On aura préalablement clos toutes les ouvertures par lesquelles le gaz pourrait s'échapper.

*b)* Par l'acide sulfureux, 40 gr. de soufre en canon, par mètre cube.

*Usage :* Mettre le soufre concassé dans un récipient ; planter le récipient dans un baquet contenant du sable, pour éviter le danger d'incendie ; verser un peu d'alcool sur le soufre, puis l'allumer.

Clore au préalable, toutes les ouvertures. Enlever métaux, cadres dorés, etc...

## DESTRUCTION DES PARASITES

1° **POUX**. — Il y a trois espèces de poux : les poux de tête, les poux de corps et les poux de pubis.

*a)* **Poux de tête.**

*Formule :*

| | |
|---|---|
| Anisol | 5 parties. |
| Eau | 45 — |
| Alcool dénaturé à 90° | 50 — |

Mélanger progressivement.

*Usage :* Bien humecter la tête. Mettre un bonnet de caoutchouc. Si les poux persistent, récidiver.

On peut aussi se servir de la solution de sublimé corrosif au millième.

*b)* **Poux de corps.** Désinfection des vêtements au formol. Faire bouillir le linge de corps.

*c)* **Poux de pubis.** Onguent mercuriel.

2° **PUNAISES**. — Vapeurs d'acide sulfureux : 40 gr. de soufre par mètre cube.

Ou bien :

| | |
|---|---|
| Formol | 10 gr. par mètre cube. |
| Permanganate de potasse. | 5 gr. — |
| Benzine | 8 gr. — |

Agir comme pour la désinfection des locaux.

3° **CAFARDS**. — Insufflation de poudre de pyrèthre.

4° **MOUCHES**. — Mettre des papiers tue-mouches, ou solution de formol très sucrée.

Couvrir tout (crachats, aliments, etc...).

5° **SOURIS, RATS**. — Pièges.

6° **MOUSTIQUES**. — Mettre un peu de paraffine sur les eaux stagnantes se trouvant dans le voisinage : barriques, petites mares, etc...

# Grands accidents pouvant entraîner la mort

## CONDUITE A TENIR

**HÉMOPTYSIE.** — Quand l'hémoptysie se produit, le traitement se fait selon la gravité de l'accident. Il y a certaines règles qu'il faut toujours observer, que l'hémoptysie se borne à une ou deux gorgées de sang ou qu'elle aille jusqu'à l'hémorragie :

Prévenir le médecin ;

Coucher le malade, lui soulever le thorax, lui mettre une bouillotte aux pieds s'il a froid ; enlever toute constriction ;

Diète absolue. Le malade peut cependant prendre, de temps en temps, une petite cuillerée d'une boisson acidulée froide ;

Faire le silence autour du malade, le garder dans l'obscurité, le rassurer, le tranquilliser.

En cas d'hémoptysie grave :

Révulsion aux jambes, sinapismes ;

Ligature des quatre membres (depuis les extrémités jusqu'en haut).

Si le médecin tarde, et que l'infirmière en ait reçu préalablement l'autorisation :

*a)* Donner une injection hypodermique de chlorhydrate de morphine. (Solution du codex, 1 cmc.) ;

*b)* Briser une capsule de nitrite d'amyle et faire respirer au malade toutes les deux heures, soit directement, soit après en avoir versé, avec un compte-gouttes, 1 ou 2 gouttes, sur un mouchoir ;

*c*) Donner un opiacé. (Le sirop de codéine arrête la toux).

En outre, préparer tout pour une injection de sérum artificiel, que le médecin pourrait vouloir donner.

**SYNCOPE.** — (Perte de connaissance complète ; arrêt de la respiration et des fonctions du cœur) :

Prévenir le médecin ;

Relâcher toute constriction, au cou, à la ceinture, aux jambes ;

Coucher le malade la tête plus basse que le corps ;

Elever les membres inférieurs ;

Flagellations au visage avec une serviette mouillée ;

Sel anglais aux narines (avec précaution) ;

Aérer, ouvrir les fenêtres toutes grandes, éloigner les personnes inutiles ;

Appeler le malade très haut par son nom.

Si l'état se prolonge :

Faire des tractions rythmées de la langue (on saisit la langue avec un mouchoir) ; respiration artificielle (procédé Sylvester) ; friction énergique sur la région cardiaque.

Si l'infirmière y a été autorisée, donner des injections hypodermiques d'huile camphrée, ou de caféine, ou d'éther. Ne pas se décourager ; continuer la respiration artificielle.

Ne pas trop se dépêcher de faire boire le malade quand il revient à lui : le liquide peut pénétrer dans la trachée.

**ASPHYXIE.** — Prévenir le médecin. En attendant sa venue, agir vite ;

Relever le thorax, ouvrir les vêtements ;

Faire des tractions rythmées de la langue, respiration artificielle ; révulsifs aux jambes ; ventouses sèches sur la poitrine ; frictions ; donner une injection hypodermique d'éther, ou d'huile camphrée, ou de caféine ;

Ouvrir les fenêtres toutes grandes.

# Notions de Pharmacie

L'infirmière visiteuse doit connaître l'effet des divers remèdes ordonnés par le médecin, mais elle ne doit jamais se permettre de faire une ordonnance ou de donner un remède de son propre chef.

Elle devra toujours administrer le remède à l'heure prescrite et veiller à ce que le malade le prenne.

Ne pas se servir d'un vieux remède, qui a pu traîner longtemps sur une étagère, sous prétexte d'économie. Il peut être devenu nuisible, tout au moins, inutile.

L'infirmière devra toujours regarder l'étiquette d'un flacon contenant un remède, avant de s'en servir. Elle versera le contenu en tournant la bouteille du côté opposé à celui sur lequel est collée l'étiquette, afin de ne pas détériorer cette dernière.

Elle gardera toujours les poisons à part et tâchera d'avoir une étagère pour y mettre les solutions désinfectantes, etc..., hors de la portée des enfants.

Elle ne doit jamais donner de gouttes, sans se servir d'un compte-gouttes.

*N. B.* — Sur les ordonnances, les gouttes sont toujours marquées en chiffres romains. Exemple : VIII gouttes.

## DIFFÉRENTES FAÇONS D'ADMINISTRER LES REMÈDES

1° Par l'ingestion :

Les poudres se donnent en suspension dans un liquide (eau), dans une hostie (pain azyme), dans de la confiture.

Les pilules, les comprimés, les cachets : même façon.

Les potions : par cuillerées.

2° Par les voies respiratoires. — Inhalations.

L'eau bouillante contenant le médicament est versée dans un appareil et le malade respire les vapeurs. On peut très bien se passer d'un inhalateur et se servir d'un récipient quelconque, dont on entourera le bord avec une serviette, ou bien on couvrira l'ouverture du récipient avec un carton, dans lequel on découpera un trou, sur lequel le malade appliquera sa bouche, etc.

3° Par la peau.

Injections hypodermiques. — Onguents. — Bains. — Badigeonnages.

4° Par la voie rectale.

Lavements médicamenteux. — Suppositoires.

Il y a encore les gargarismes, les collutoires, les collyres, les révulsifs.

La révulsion est un acte thérapeutique qui consiste à produire, sur un point déterminé de la peau, un afflux sanguin ou une inflammation, dans le but de décongestionner les tissus profonds, en appelant le sang et les sérosités à la surface. La révulsion peut aller depuis une simple rubéfaction jusqu'au vésicatoire : frictions, ventouses, sinapismes, vésicatoires.

## PRÉPARATION DES TISANES

Les tisanes sont des hydrolés légèrement médicamenteux qui servent de boisson ordinaire aux malades. Elles sont obtenues :

1° **Par infusion.** La forme la plus ordinaire de préparer une tisane est l'infusion. Thé, tilleul, camomille, etc.

On verse de l'eau bouillante sur les substances et on les laisse infuser environ une demi-heure.

2° **Par décoction.** Ebullition prolongée des substances dans l'eau. Le chiendent, l'orge, se préparent ainsi.

3° **Par macération.** On laisse les substances immergées dans un liquide froid, pendant un temps assez prolongé. La réglisse se prépare ainsi.

### INFUSION D'UNE DEMI-HEURE

| | | |
|---|---|---|
| Chicorée ................ | 10 gr. | par litre. |
| Guimauve (fleurs) ......... | 10 gr. | — |
| Guimauve (racine) ......... | 10 gr. | — |
| Mauve (fleurs) ............ | 10 gr. | — |
| Lin (semences) ............ | 10 gr. | — |
| Thé ...................... | 10 gr. | — |

(Pour le thé, une infusion de 10 minutes suffit).

| | | |
|---|---|---|
| Tilleul (fleurs) ........... | 10 gr. | par litre. |
| Bouillon blanc ............ | 5 gr. | — |
| Bourrache (fleurs) ......... | 5 gr. | — |
| Camomille (fleurs) ........ | 5 gr. | — |
| Menthe (feuilles) .......... | 5 gr. | — |
| Sauge (feuilles) ........... | 5 gr. | — |

### INFUSION DE DEUX HEURES

| | | |
|---|---|---|
| Douce amère (tige) ........ | 20 gr. | par litre. |
| Quinquina (écorce) ........ | 20 gr. | — |
| Ratanhia (écorce) ......... | 20 gr. | — |

### DÉCOCTION

| | | |
|---|---|---|
| Orge ..................... | 20 gr. | Eau : Q. S. |
| Chiendent ................ | 20 gr. | Eau : Q. S. |

## MACÉRATION

| | | |
|---|---|---|
| Gentiane .................. | 5 gr. | par litre. |
| Quassia amara ............. | 5 gr. | — |
| Rhubarbe ................... | 5 gr. | — |
| Réglisse ................... | 10 gr. | — |

## QUELQUES MÉDICAMENTS USUELS

### INJECTIONS HYPODERMIQUES

| | |
|---|---|
| Soluté de chlorhydrate de morphine : 2 centigr. de morphine par cmc. | Sédatif rapide, calme la douleur. |
| Cacodylate de soude : 5 centigrammes par cmc. | Excitateur puissant de la nutrition. |
| Caféine | Puissant excitant des systèmes nerveux et musculaire. |
| Chlorhydrate de cocaïne : 1 à 5 centigr. par cmc. | Anesthésique local. |
| Gaïacol : 5 centigr. par cmc. | Se donne dans la tuberculose. |
| Huile camphrée : 10 centigr. | Excitant énergique du cœur et du système nerveux. |
| Ether sulfurique : 1 à 3 cmc. | Se donne dans le coma, la syncope grave, le collapsus, etc. |

### CONTRE LA TOUX

| | |
|---|---|
| Sirop thébaïque : 30 gr. à prendre par cuillerées à bouche en 24 heures. | Calme la toux. |
| Sirop de codéine : contient 4 centigr. de codéine par cuillerée à bouche. | Calme la toux. |
| Sirop de diacode. | Calme la toux. |

## DIVERS

| | |
|---|---|
| Sirop de quinquina : 20 à 100 gr. | Stomachique. |
| Aspirine : 1 à 3 gr. par jour. | Dans les rhumatismes, la céphalalgie, les névralgies. |
| Bismuth : 2 à 15 gr. | Dans la diarrhée. |
| Salicylate de soude : 2 à 8 gr. en cachets par jour. | Pour les rhumatismes, la goutte. |
| Chlorhydrate de quinine : 80 centigr. à 1 gr. par jour | Antipyrétique. |

## PURGATIFS

| | |
|---|---|
| Calomel : 30 centigr. à 1 gr. | Action sur le foie. (*N.-B.* Eviter le sel, les amandes amères). |
| Sulfate de magnésie : 5 à 15 gr. | Laxatif. |
| Sulfate de magnésie : 20 à 60 gr. | Purgatif. |
| Sulfate de soude : 20 à 40 gr. | Purgatif. |

## PURGATIFS CONTINUÉS

| | |
|---|---|
| Séné | Action exclusive sur le gros intestin. |
| Carbonate de magnésie : 2 à 3 gr. | Laxatif. |
| Carbonate de magnésie : 20 gr. | Purgatif. |
| Huile de ricin : 15 à 30 gr. | Purgatif. |

## VOMITIFS

| | |
|---|---|
| Ipécacuanha : 50 centigr. à 2 gr. | Dose vomitive. |
| Ipécacuanha : 50 centigr. dans 120 gr. eau distillée et 30 gr. sirop de polygala, à prendre par cuillerées à bouche. | Expectorant. |

## LAVEMENTS

### 1° Purgatifs

a) Miel : 60 grammes.
   Eau bouillie : 500 grammes.
b) Huile d'olive : 60 grammes.
   Incorporer un jaune d'œuf.
c) Glycérine : 2 ou 3 cuillerées.
   Eau bouillie : 500 grammes.
d) Séné : 15 grammes bouillis dans l'eau.
   Ajouter sulfate de soude : 15 grammes.
   Eau : Q. S. pour faire un 1/2 litre.

### 2° Médicamenteux

Laudanum : quantité prescrite. Généralement VI à VIII gouttes pour 8 cuillerées d'eau.

N.-B. — Antiseptiser les bocks avant de s'en servir.

## BAINS

### 1° Simples

| | |
|---|---|
| Froids | 18° à 25° |
| Tièdes | 30° à 35° |
| Chauds | 35° à 38° |

### 2° Médicamenteux

Sinapisés : 1 kilogramme de farine de moutarde.
Salins : 2 à 5 kilogrammes de sel. Ajouter 250 grammes de carbonate de soude.
Amidon : 500 grammes dans 10 litres d'eau tiède.
Tilleul : 500 grammes infusés dans 10 litres d'eau.
Soufre : 50 à 100 grammes de trisulfure de potassium par bain.

# Situation Matérielle

*Profession* ....................................................................
*Salaire moyen avant la guerre* ? ...............................
*Marié* ? ................ *Enfant* ... ? .............. *Age* ...........
*Etat de santé des enfants* ......................................
*Y a-t-il lieu de s'occuper du placement des enfants* ? ........
.................................................................................

*Femme. — Etat de santé* ...........................................
   —   *Travaille-t-elle* ? ..............................
*Le réformé a-t-il des personnes à sa charge* ? ...............

*Logement* { *en garni* ? ................................................
           *en location* ? .........................................
           *prix du loyer* .........................................

*Etat du logement* .......................................................
  *Salubrité* ..............................................................
  *Nombre de chambres* ............................................
  *Nombre et distribution des habitants* ....................

  *Observations diverses.* ...........................................
.................................................................................
.................................................................................
.................................................................................

........................................, le (date de la visite).

**Signature de l'Infirmière visiteuse,**

# TABLE DES MATIÈRES

Rôle de l'Infirmière visiteuse dans la Lutte contre la Tuberculose .................................... 3
Contagion de la Tuberculose ........................ 5
    Dangers imaginaires ........................... 5
    Dangers réels ................................. 6
    Les cinq règles de la prophylaxie .............. 6
Education du Malade ............................... 7
Anatomie et Physiologie des Voies respiratoires .. 11
    La respiration ................................ 12
    Physiologie de la respiration ................. 13
Invasion de la Tuberculose ........................ 15
Observation du Malade et de son Entourage ......... 19
    Comment établir une fiche et faire un rapport.... 21
Désinfection ...................................... 23
    Crachats ...................................... 23
    Crachoirs ..................................... 24
    Linge ......................................... 25
    Vêtements ..................................... 25
    Logement pendant son occupation par le malade .. 26
    Logement après le départ du malade ............ 26
    Désinfectants ................................. 27
    Préparation et application des désinfectants chimiques ....................................... 28
    Destruction des parasites ..................... 30
Grands accidents pouvant entraîner la Mort. — Conduite à tenir ................................ 33
Notions de Pharmacie .............................. 35
    Différentes façons d'administrer les remèdes ... 35
    Préparation des tisanes ....................... 36
    Quelques médicaments usuels ................... 38

LA SOLIDARITÉ
Imprimerie Coopérative
6 et 8, rue Gambetta
BESANÇON

www.ingramcontent.com/pod-product-compliance
Lightning Source LLC
LaVergne TN
LVHW020052090426
835510LV00040B/1662